APRENDA A CONTAR HISTÓRIAS QUE VENDEM

STORYTELLING NA PRÁTICA 2.0

COMO VENDER AGORA E SEMPRE COM NARRATIVA

Copyright 2022 Dr. Alexei Chapper
Editora Habilidade do Futuro.
Balneário Camboriú - SC.

REFERÊNCIA BIBLIOGRÁFICA: CHAPPER, Alexei. **Storytelling na prática 2.0: como vender agora e sempre com narrativa.** Balneário Camboriú: Habilidade do Futuro, 2022.

SUMÁRIO

SUMÁRIO 3

1. A Habilidade Número 1 Finalmente Será Sua ... 5

2. Faça Como o Jacaré do Obama e Nunca Mais Ignore Estes 6 Elementos-Chave ... 9

    2.1 O Que Significa Storytelling Como Associação de Ideias? ... 10

    2.2 O Que Significa Storytelling Como Descrição de Cenários? ... 12

    2.3 O Que Significa Storytelling Como Experimentação e Trabalho Duro? ... 13

    2.4 O Que Significa Storytelling Como Copywriting? ... 14

    2.5 Como Ativar o Jacaré Mental e Tirar Vantagem Disso ou Ser Completamente Ignorado Sem Isso… ... 16

        2.5.1 Auto-interesse ... 18

        2.5.2 Visão Geral ... 19

        2.5.3 Contraste ... 19

        2.5.4 Imagem ... 20

        2.5.5 Concretude ... 20

        2.5.6 Emoção ... 21

3. A Jornada Heróica da Riqueza com Storytelling ... 23

3.1 O Que É Storytelling, Para Que Serve e Como Dominar os Mistérios do Tom Digital? 28

   3.1.1 Transfira o Significado do Arquétipo Adequado ao Contexto Atual 48

   3.1.2 Cuide da Entonação da Sua Voz 58

   3.1.3 Use Olhares e Gestos de Marcação 60

   3.1.4 Use Descrição Sensorial Detalhada 62

4. Como Usar Narrativa na Oferta, Impactar, Dobrar E Triplicar Seus Resultados   **66**

   4.1 A Magia Secreta Das Histórias   72

5. Por Que Você Precisa Gerar Identificação Imediata e Despertar Empatia?   **77**

6. Como Gerar Conexão Inicial e Final Para Vender Ideias Que Provocam Ação   **87**

7. Os Movimentos Secretos Para Causar Aquecimento Mental   **96**

8. Como Dar Uma Pequena Cutucada Para Fechar Grandes Negócios   **101**

9. Como Colocar Tudo Isso Em Prática Imediatamente   **108**

10. Obras Recomendadas   **116**

"Diga-me para o que dás atenção e eu te direi quem és". José Ortega Y Gasset

1. A Habilidade Número 1 Finalmente Será Sua

Na minha opinião, esta é hoje a habilidade mais importante de todas...

E isso vale em todas as áreas possíveis e nichos de mercado imagináveis...

Estou falando da habilidade de contar histórias, ou seja, de criar narrativa...

O que você vai aprender neste livro talvez seja realmente a habilidade mais importante de todas. Talvez...

E a razão disso é muito simples. Porque esta é a verdadeira chave para você se tornar uma pessoa mais influente.

E, quando você se torna uma pessoa mais influente, você aumenta em pelo menos 10x as suas chances de conseguir o que você quer.

Em outras palavras, você se torna uma pessoa que consegue criar soluções onde parece não existir mais opções.

Você vira a pessoa que consegue encontrar saídas em locais onde parece que todas as portas já estão fechadas.

Ao dominar de verdade as informações que eu vou entregar neste livro, você está prestes a entrar em um grupo muito seleto de pessoas.

Falo de pessoas que conseguem criar novas ideias em um ambiente onde parece que todo mundo só consegue pensar a mesma coisa.

Em um mundo em que pensar fora da caixa já se tornou um dos maiores ativos, você tomou a principal decisão que irá mudar o seu jogo.

A decisão de se tornar uma pessoa que irá aprender de verdade o processo narrativo para aumentar seu nível de influência no mercado.

Você merece parabéns por estar aqui agora com esse livro nas mãos porque assim você já está na frente de muita gente, muita gente mesmo...

Arrisco a dizer que você vai começar uma jornada agora que irá mudar totalmente a sua maneira de enxergar o tema do storytelling...

E, principalmente, você verá como usar o storytelling para vender agora e sempre e usar isso em todas as áreas da sua vida.

Vamos começar a pegar impulso falando de neuromarketing, associação de ideias, descrição de cenários, experimentação e copywriting.

Depois de ver os 6 ativadores do cérebro primitivo, vou compartilhar os 4 pilares do que eu chamo de tom digital para usar no storytelling hoje.

Você irá descobrir para que servem e como usar os arquétipos de significado a seu favor. E irá perceber a importância de conquistar a sua voz.

Assim que você definir a voz de um arquétipo, dominar seus movimentos e combinar com descrições desenhadas na mente, grite bingo!

Nosso próximo passo será entender como inserir narrativa nas suas ofertas diretas e indiretas para dobrar e até triplicar seus resultados.

Você irá revelar por que é essencial despertar identificação e empatia para prender o interesse e como fazer isso do jeito certo.

Você verá como gerar conexão inicial e final, os movimentos secretos para aquecer a mente e como dar um empurrãozinho para fechar negócios.

Nosso último compromisso será facilitar o seu caminho para colocar tudo isso em prática assim que você terminar de ler este livro.

Também vou deixar uma lista de livros que eu recomendo para você se aprofundar ainda mais no mundo especial das estratégias de storytelling.

O objetivo é desafiador, mas prometo que vou me esforçar ao máximo para fazer valer a sua leitura em cada frase deste guia de tirar o fôlego.

Preparado para essa jornada de storytelling?

Então, esfregue as mãos e vamos lá!

Sem blá, blá, abra um sorriso porque você está no lugar certo e a nossa aventura já vai começar encarando um estranho jacaré orelhudo.

"Não pergunte se uma afirmação é verdadeira antes de saber o que ela significa."
Erret Bishop

2. Faça Como O Jacaré do Obama e Nunca Mais Ignore Estes 6 Elementos-Chave

O mais importante agora é que você perceba uma premissa elementar.

Antes de mostrar como será nossa jornada para você usar sua força narrativa, deixa eu dizer a você o que não é storytelling.

Na minha opinião, storytelling não é nada disso aqui...

Não é criatividade.

Não é talento.

Não é dom.

Não é sorte.

O que eu realmente considero storytelling são as 4 temáticas ou ângulos de abordagem que vou te mostrar a seguir...

1 - Associação de ideias
2 - Projeção de cenários
3 - Experimentação com trabalho duro
4 - Resposta direta com copywriting

Para deixar isso ainda mais claro, permita que eu aprofunde um pouco mais nesses 4 ângulos de visão do que é o storytelling de verdade.

2.1 O Que Significa Storytelling Como Associação de Ideias?

Em primeiro lugar, é importante perceber que storytelling é uma associação ou combinação de ideias...

Note que para combinar ideias você não depende de um estado criativo, e sim de exposição e associação deliberada.

É como se você pudesse esvaziar a mente como se ela fosse uma bela xícara de café fumegante.

Aí você enche o seu recipiente mental com um fluxo natural de ideias novas até transbordar as conexões quentinhas saindo do forno.

Na minha opinião, não existe esse negócio de inspiração para criar ideias.

Na verdade, o processo de criação de ideias depende mais de quem você acredita que você é do que de supostas musas.

A musa da inspiração não existe de verdade. De fato, é apenas desculpa para quando ficamos com preguiça e não queremos admitir.

O que existe é a sua identificação como o responsável por gerar ideias específicas e úteis para outras pessoas dentro de um prazo com meta.

E nada é mais forte para gerar ideias rápido do que combinar elementos que já existem para criar algo novo, interessante e significativo.

2.2 O Que Significa Storytelling Como Descrição de Cenários?

Storytelling também é descrever detalhes, lembrar e imaginar cenários vívidos...

Veja que para projetar cenários você não depende de talento, e sim de fazer a leitura correta do contexto de acordo com cada momento.

É como ler os alertas do jornal de hoje em um enorme museu de história humana ouvindo as previsões do *Walter Mercado*.

Você percebe as agitações do presente considerando os padrões do passado e até as projeções mais absurdas do futuro.

Se você é muito novo para lembrar do *Walter Mercado*, dê um Google para descobrir.

Ele vendia previsões na TV por telefone fixo na época que se ligava por uma rodinha girando os números. Discar 9 e 0 era irritante, pesado e chato.

Só que storytelling ainda é mais do que isso.

2.3 O Que Significa Storytelling Como Experimentação e Trabalho Duro?

Storytelling é fazer experimentações com trabalho duro...

Trabalhar duro fazendo experimentos práticos não depende de qualquer dom, e sim de você se comprometer com um método.

É como mergulhar um pacote de Mentos na Coca-Cola, botar sua língua de Einstein para fora e observar uma explosão de ideias.

Tome nota dos seus experimentos para poder medir seu progresso e testar uma variável de cada vez.

Mesmo que pareça o experimento de um cientista maluco, controle seus dados.

Até para se explodir uma garrafa de refrigerante 2 litros é preciso seguir um método passo-a-passo. Com storytelling não é diferente.

2.4 O Que Significa Storytelling Como Copywriting?

Acima de tudo, storytelling para mim é ter uma intenção clara para gerar uma ação imediata.

Este é um princípio do marketing de resposta direta. Você provoca ação imediata.

Provocar ação imediata não depende de sorte, e sim da técnica de redação para gerar sensação de urgência chamada copywriting.

É como apertar botões e incentivar sonhos, acalmar medos, justificar fracassos, confirmar suspeitas e proteger de inimigos.

Então, se você quer dominar storytelling para influenciar e vender, é exatamente isso que você irá aprender durante essa leitura.

E se você quer se tornar escritor, publicar e vender seu primeiro ou próximo livro, este guia também será útil para você fazer isso mais rápido.

Perceba, aqui nesse exato momento, como você já está recebendo uma dose de recompensa mental muito forte.

Como assim, Alexei?

É que eu estou te mostrando uma visão geral com contraste e dando alguns exemplos concretos de benefícios que você vai receber aqui.

Por exemplo...

Isto aqui é storytelling, aquilo não é...

Aqui estão as temáticas 1, 2, 3, 4...

É esse tipo de comunicação estratégica que ativa o que eu chamo de jacaré mental.

2.5 Como Ativar O Jacaré Mental E Tirar Vantagem Disso Ou Ser Completamente Ignorado...

Todos nós temos uma parte profunda e primitiva dentro do cérebro que os cientistas costumam chamar de sistema reptiliano.

Eu prefiro lembrar do jacaré mental...

Porque eu sei que o jacaré gosta de uma vitória fácil, simples e rápida... Aprendi isso semana passada com o *Obama*.

Ele quer abrir o bocão e deixar os peixes pularem para dentro, igualzinho eu vi no novo documentário que o *Obama* narrou na *Netflix*.

Você já assistiu? "*Parques Nacionais*". Vi apenas o primeiro episódio e fiquei chocado...

É uma série documental sobre parques nacionais de preservação ao redor do mundo.

Incluindo as orelhas do *Obama*, todas as imagens naturais são realmente impressionantes.

A propósito, elementos visuais, mesmo que imaginados, também ativam a mordida forte do nosso jacaré mental.

Por isso, metáforas e analogias têm efeito de mágica para facilitar o entendimento.

Mais ainda quando elas nos fazem sentir algum tipo de emoção como enfiar sua mão dentro da boca de um jacaré faminto faria...

Na verdade, são 6 elementos que ativam a atenção do jacaré mental com força total:

1 - Auto-interesse
2 - Visão geral
3 - Contraste

4 - Imagem

5 - Concretude

6 - Emoção

Existem pessoas que procuram memorizar essa lista lendo isso várias vezes.

Eu prefiro usar um mnemônico: AVC-ICE. Penso em um rosto congelado e paralisado de medo por causa de um jacaré orelhudo.

Para mim, funciona. Experimente porque talvez também funcione para você...

O "AVC" é um derrame que causa uma espécie de "congelamento" ("ICE"). A palavra "ice" significa gelo. E as orelhas gigantes do jacaré...

Bom, você já entendeu como eu faço para me lembrar da lista de ativação do jacaré mental.

Agora deixa eu mostrar alguns detalhes de cada um desses elementos na prática.

2.5.1 Auto-interesse

O auto-interesse tem a ver com nosso instinto de sobrevivência. É a reação automática de lutar, fugir ou comer.

Deixe claro logo no início da narrativa o que a outra pessoa ganha e o que ela pode perder caso não preste atenção em você.

2.5.2 Visão Geral

A visão geral serve para acalmar a nossa mente. Eu não sei você, mas eu sempre vejo o caminho inteiro da viagem antes de viajar.

Mostre primeiro a vista completa lá de cima da montanha, o panorama geral da floresta, o resumo da ideia do início ao fim.

2.5.3 Contraste

Perceba também que existem dois tipos de pessoa no mundo: as que dividem o mundo em dois e as que não fazem isso.

Recomendo que você faça isso. Divida o mundo em dois sempre que puder para contar algo de maneira mais clara e interessante.

Mostre os opostos: dia e noite, quente e frio, bom e ruim, Grêmio e Inter...

Os opostos geram contraste vívido, facilitam o entendimento e isso nos protege do perigo instintivo de distinguir predadores na selva.

Também por isso, sempre que você puder, use imagens e outros elementos visuais como metáforas e analogias para ilustrar o que você fala.

2.5.4 Imagem

Para que a mensagem cole na mente como açúcar derretido gruda nos dedos, use imagens. Pode ser algo que você mostra, lembra ou imagina.

Vale repetir, isso é muito importante porque o elemento visual arde na nossa mente como espremer limão no olho.

Juro por Deus. Uma vez eu vi um cara fazer isso em uma festa de casamento...

Já eram umas 4h da manhã...

O convidado insano espremeu limão nos próprios olhos e cheirou o sal antes de beber um copinho de tequila!

Você consegue imaginar a cena?

2.5.5 Concretude

O garçom ficou tão espantado quanto eu.

Loucuras de casamento... Tem até um filme bastante perturbador com esse nome que assisti nos tempos de alugar DVD na locadora. Lembra?

Agora note que eu acabei de descrever uma narrativa com elementos concretos e familiares que você certamente conhece.

Talvez você não tenha visto esse filme...

Porém, festa de casamento, convidado bêbado, limão, sal, tequila, garçom... São elementos simples que você já está acostumado.

2.5.6 Emoção

Antes de terminar essa mini-história, ainda teve um toque de emoção final na surpresa que nós todos sentimos ao ver o cara pingar limão no próprio olho e cheirar o sal!

Acredite, se você usar o AVC-ICE no início, o jacaré mental irá prestar mais atenção e deixará sua mensagem se aprofundar na mente do público.

O oposto também é verdadeiro. Se você não ativar pelo menos um desses 6 elementos no início da sua comunicação, a tendência é que a sua mensagem seja ignorada sem causar impacto.

Lembrando a lista completa AVC-ICE: Auto-interesse, Visão Geral, Contraste, Imagem, Concretude e Emoção.

Anotou? Tudo beleza até aqui?

Está ficando fácil de entender tudo até agora? Espero que sim.

Então agora deixa eu te explicar exatamente como é que vai funcionar o restante da nossa jornada daqui para frente.

Lembre-se sempre de ativar o jacaré mental. Vá em frente assim que você conseguir lembrar de cabeça dos 6 elementos da lista AVC-ICE.

Agora o seu cinto de ferramentas está equipado com os 6 elementos ativadores do cérebro primitivo.

Só vire a página quando você se sentir realmente preparado e pronto para avançar nessa jornada.

A _ _ _ _ _ _ _ _ _ _ _ _
V _ _ _ _ _ _ _ _ _ _
C _ _ _ _ _ _ _ _ _

I _ _ _ _ _
C _ _ _ _ _ _ _ _ _
E _ _ _ _ _

Fez o exercício?

Completou sem precisar espiar?

Então, pode seguir em frente para revelar a única coisa que você precisa para gerar riqueza em uma jornada de storytelling.

"A grande necessidade da nossa época é limpar a massa enorme de lixo mental e emocional que entulha nossa mente...

Sem essa faxina, não podemos começar a enxergar. Se não enxergamos, não podemos pensar."
Thomas Merton

3. A Jornada Heróica da Riqueza com Storytelling

Sinto que o meu propósito agora é fazer você enxergar algo novo dentro de um tema que você pensa que já conhece.

O objetivo deste capítulo é muito simples.

É tão simples que qualquer pessoa que decida aplicar os conceitos apresentados nas próximas linhas conseguirá algo incrível...

Se você implementar o que está prestes a ter acesso, você irá alcançar uma das metas mais desejadas de todos os tempos.

Você irá atingir sua independência financeira ao se tornar de fato um especialista em storytelling, mesmo que você esteja dando seus primeiros passos agora.

Eu sei que a internet está inundada de promessas como essa.

Talvez você já tenha lido livros e mais livros, artigos e mais artigos, cursos e mais cursos falando sobre o mesmo assunto...

Mas eu tenho um bom motivo para dizer para você o porquê deste livro ser diferente de tudo que você já viu.

Sabe por quê?

Porque todo mundo que fala de ganhar dinheiro se concentra em consequências quando deveriam focar mais nas causas.

O storytelling é o que está por trás de todos os profissionais bem-sucedidos, mesmo daqueles que não percebem isso.

Essa é a diferença entre receber dinheiro pelo que você faz e fazer dinheiro pelo que você diz.

Eu vou te mostrar não apenas como tirar vantagem de técnicas testadas e comprovadas para você fazer dinheiro e multiplicar isso online.

Não só isso, mas você também irá dominar o fator fundamental que determina o que você é ou não é capaz de conseguir na sua vida.

Quando você compreende a jornada e os arquétipos dos personagens, fica muito mais fácil de você identificar em que ponto você está agora.

Você olha no mapa, vê onde você está no momento atual e o volta a buscar seu desejo com disposição até conseguir.

Perceba os padrões e comece a prever situações por movimentos atemporais de jornadas e se prepare de acordo com o seu momento atual.

Vida comum, chamados e recusas...

Incidentes, conflitos e inimigos...

Dificuldades, obstáculos e aliados...

Testes, erros e enganos...

Conselhos, aproximações e provas...

Retornos para compartilhar, perseguições e vida comum...

Muitas vezes, este é um ciclo que se repete e, antecipando os movimentos, você consegue visualizar os próximos passos da sua jornada.

Deixa eu te explicar agora exatamente como vai funcionar o restante da nossa jornada juntos.

Existem 4 fundamentos que você precisa dominar para executar o storytelling na prática da sua rotina oficial.

Estou falando da sua rotina de prestação de serviços, produção e vendas usando storytelling.

Para você se tornar um mestre do storytelling, você precisa passar por um processo que tem 4 fases muito simples.

Fase 1 - Narrativa na oferta

Fase 2 - Conexão inicial e final

Fase 3 - Aquecimento mental

Fase 4 - Empurrão para conclusão

De maneira prática e objetiva, essas são as 4 fases que você terá que passar para dominar os pilares do storytelling de ideias que geram vendas.

Agora que você entendeu por que esse livro é realmente único, especial e diferente, chegou o momento de avançarmos ainda mais.

Eu vou aprofundar em cada uma das etapas, do aprendizado de storytelling até a sua meta de vender agora e sempre com narrativa.

Pronto para começar a implementar tudo isso imediatamente?

Agora você já está capacitado para dar o primeiro passo dentro do mundo especial da nossa jornada de storytelling.

Porém, antes de cruzar o limiar do ponto sem volta e entrar propriamente em cada uma das 4 fases, eu preciso fazer um reforço.

Preciso que você preste muita atenção nesse ponto como se estivesse tudo sublinhado com um enorme marca-texto verde limão...

A pergunta é: para que serve o storytelling?

Para responder isso, quero compartilhar com você o que eu chamo de tom digital no storytelling.

3.1 O Que É Storytelling, Para Que Serve E Como Dominar Os Mistérios do Tom Digital?

A diferença entre fazer vendas online e fazer muitas vendas pela internet está no domínio deste tom que é realmente algo único.

É a utilização do tom certo que irá preencher e colorir o ponto de vista que a sua comunicação provoca na mente das outras pessoas.

O problema é que a maioria das pessoas chega na internet preocupada apenas em seguir estruturas e modelos sem cuidar do uso do tom...

A grande maioria não faz a mínima ideia do que é isso.

Este é um exemplo de problema comum que mesmo assim está fora do nível de consciência da esmagadora maioria do mercado hoje.

Estou falando do tom dos arquétipos, ou melhor, da falta dele na comunicação de muita gente boa.

Esta é a verdadeira causa do fracasso de muitos. Muita gente faz tudo que tem que ser feito direitinho, mas parece que ainda falta sal...

O resultado não vem e isso passa a impressão precipitada de que a pessoa não leva jeito para vender no mercado digital.

No dia a dia real, todo mundo se vira bem nos seus serviços e negócios, mas quando vai para o digital parece que não é a mesma coisa.

E realmente não é, esse é o grande ponto.

A verdade é que o tom digital precisa levar em consideração a pessoa do outro lado e o grupo que pode estar assistindo ao vivo ou por gravação.

E você precisa fazer tudo isso ao mesmo tempo. Até porque não faz sentido falar só com uma parte do público.

Fazer isso seria como amassar um bolo de notas e deixar o dinheiro vivo uivando como uma matilha de lobos-guará abandonados na mesa.

Isso implica em ter uma conversa que aparece para muitas pessoas agora e no futuro, com escala virtual e potencialmente infinita.

Para fazer isso e causar o maior impacto possível, você precisa entender e administrar o poder do significado.

Em outras palavras, você precisa dominar o tom arquetípico que é o primeiro pilar do que eu chamo de tom digital no storytelling.

Isso significa falar com mitos compartilhados pelo grupo ao mesmo tempo em que cada pessoa se identifica como se a mensagem fosse para ela.

Em seguida, vou explicar melhor este pilar do tom digital que é o tom dos arquétipos.

Antes disso, perceba que a fala comum do dia a dia não carrega a responsabilidade do tom digital. Engolir essa verdade óbvia é essencial.

A diferença mais marcante é que o tom digital alcança mais pessoas na hora e ainda permanece no mundo virtual depois.

Mais do que isso. O que você diz agora e fica disponível na internet continua sendo dito depois da sua morte, talvez até para sempre.

É esse detalhe pontudo e afiado que faz toda diferença.

E a única comunicação que persiste transmitindo os mesmos significados para grupos e indivíduos ao longo dos tempos e lugares é o tom arquetípico que agora ganhou a escala digital.

A pergunta é como falar com muita gente ao mesmo tempo em que você consegue impactar cada uma das pessoas que estão prestando atenção no presente e também as do futuro?

E a resposta está no tom dos arquétipos.

O tom digital, portanto, deve ser o tom arquetípico para impactar indivíduos e grupos no presente e no futuro em escala virtual eterna.

Este é o primeiro padrão escondido em toda e qualquer comunicação estratégica. Existe sempre pelo menos um arquétipo sendo estimulado em algum de seus níveis.

Comunicar bem é transmitir o tom do arquétipo adequado usando as tonalidades de voz, descrições sensoriais e gestos mais congruentes para gerar a ação desejada como próximo passo.

Agora vamos ver alguns vícios e virtudes da comunicação usando os elementos do tom digital e entender exatamente para que serve o storytelling.

Storytelling é o jeito mais impactante de transmitir um conteúdo de maneira interessante.

Em português isso significa "narrativa". Pode confirmar no Google (como eu acabei de fazer).

Antes de continuar, acabei de pegar minha caneca de café saindo fumacinha e embaçando os meus óculos...

Será que o café ficou quente o suficiente? Vou molhar o bico e já te conto.

É que eu gosto de café realmente quente. Não de queimar a língua, mas quase...

E nesse exato momento, testei o café quente e queimei o lábio superior na caneca.

Agora responda.

Isso já é uma história, concorda?

Porém, é uma história sem graça, sem sal.

Mas quanto mais detalhes eu der mais você irá absorver a mensagem ao imaginar a cena, despertar e assimilar sensações físicas.

Preste muita atenção nisso. Não é algo só mental, é uma sensação física também.

Estou falando de detalhes específicos que podem fazer você salivar, arrepiar, abrir mais os olhos, franzir a boca, sorrir, acelerar os batimentos etc.

Minha vó sempre dizia: cuidado com café muito quente e água muito gelada. Pode travar o cérebro!

Isso me dá medo até hoje, mas gosto do espírito de aventura e encarei um café escaldante.

Não tinha mais do que meia caneca e acabei colocando 2 minutos no microondas no máximo. O café ficou realmente pelando de quente.

A caneca vermelha e amarela que usei tem um desenho da Dona Florinda oferecendo uma xícara de café ao Professor Girafales. Bela caneca!

Quem se lembra daquela cena clássica de todo episódio do Chaves?

O senhor gostaria de entrar para tomar uma xícara de café?

Não seria muito incômodo?

Claro que não, pode entrar.

Depois da senhora.

E iam os dois de braços dados no pátio da vila por baixo do varal, onde o professor derrubava o chapéu, para dentro da porta com o número 14...

Quanto mais elementos de descrição sensorial você lembrar, mais atrativa e interessante será a história e a mensagem que ela carrega.

Detalhes, características, lembranças de formas específicas, sensações, lugares, coisas, contextos, cenários, ambientes, pessoas, roupas, animais, programas, livros, rotinas etc...

Tudo isso é importante para gerar envolvimento, identificação, empatia, torcida, ação.

Se eu contar que ao me queimar eu deixei a caneca escapar e ela explodiu café por toda mesa, é provável que você consiga imaginar a cena.

Só sobraram alguns cacos de vidro vermelhos e amarelos...

E ao recolher os destroços de café no chão, ainda dava para ler um pedacinho prevendo os minutos seguintes para limpar a bagunça.

Dizia apenas: seria muito incômodo...

Vamos ver mais um exemplo.

Feche seus olhos e imagine um bolo de fubá recém saído do forno douradinho e cheiroso. Seria perfeito para acompanhar o café que eu derrubei.

Enquanto escrevo essas palavras já sinto o impulso de ir até a Casa de Bolos pedir um agora.

Só não vou porque já são 19:05 de um sábado frio, nublado e chuvoso aqui no meio dos milhares de arranha-céus em Balneário Camboriú.

Aqui está realmente muito frio hoje. Imagine que você também está passando frio agora.

Imagine que você está em uma montanha muito fria, ventosa e cheia de neve.

Suas mãos já estão precisando de luvas...

Seus pés estão tão gelados como se você estivesse de chinelos na rua em uma noite chuvosa de inverno.

Todos esses diferentes elementos que eu acabei de usar têm o poder de engajar, ou seja, de cativar a mente e o corpo...

Eles despertam as memórias que você tem. E permitem que você projete as que você não tem na memória, mas pode gerar na sua imaginação.

Por exemplo, não sei se você já foi a algum lugar com neve até hoje. Pense por um segundo, como seria levar um tombo feio de cara na neve?

Talvez você não saiba como é cair na neve de verdade e sentir na realidade como é uma queda bastante dura. O *Schumacher* sabe disso.

A neve dos filmes é branca e fofinha, mas na vida real ela é bem diferente.

Quando você cai de cara na neve é como se você raspasse o seu rosto no gelo misturado com terra congelada. Dói de verdade e até assusta.

Mesmo que você nunca tenha caído dessa forma, como eu caí numa montanha em Bariloche, você consegue pegar os elementos descritivos que eu dei e projetar na sua imaginação da cena.

Antes mesmo de saber que eu caí e passei vergonha tentando andar de snowboard na Argentina, você já conseguiu sentir um gostinho de como é ter uma queda com a cara na neve...

Quanto mais elementos descritivos específicos eu te entregar mais você irá imaginar, lembrar de coisas que você já passou e se identificar com as emoções que a cena desperta.

Eu posso ir além e avançar nos detalhes sensoriais da experiência que estou contando.

Posso falar da lareira à noite na sala de jogos junto ao bar do hotel, todo feito com enormes toras de madeira, à beira de um lago gelado...

Posso contar da madrugada quando eu e alguns amigos invadimos o bar vazio do hotel para abastecer nossos baldinhos de gelo...

Posso voltar no tempo para o início da viagem com o desejo de ver neve e descrever o avião na ida para lá...

A sensação vibrante de passar por cima da cordilheira dos Andes foi muito marcante por dois motivos.

Primeiro, porque pude ver a ponta daquelas montanhas gigantescas, cobertas de rocha e neve, sumirem na noite pela janelinha do avião fretado.

Segundo, porque precisei suportar a tensão da maior turbulência que eu já enfrentei em toda a minha vida.

Foi cena de filme...

O clima lá fora era terrível, chuva violenta e raios trovejando no meio das nuvens passando bem perto da cordilheira. Adrenalina e pavor total.

Todo avião sabia o que estava acontecendo, não precisava de uma palavra de ninguém. O terror estava na expressão de todo mundo.

Era uma tremedeira desgraçada, mala caindo, avião fazendo barulho, gente rezando, bebês e uns adultos chorando, caos e tudo mais.

Quando as comissárias se apavoraram junto, eu gelei de vez e comecei a rezar também.

Tremo até agora só de lembrar daquela noite. Nunca vou esquecer que eu só pensava em por que tinha ido naquela viagem.

Poderia estar fazendo qualquer coisa, mas estava ali preso, perto de um fim trágico e sinistro de avião na porra da Cordilheira dos Andes.

Que merda... Para que querer inventar?

Rezei muito até que o avião estabilizou depois de uns 45 minutos de dor e tensão intensa de arrancar as unhas e roer os cabelos.

Isso foi em 2012, mas vou lembrar das sensações daquele voo para sempre e aproveitar bem cada momento porque agora eu sei que tudo pode realmente acabar em um instante.

Cuidado com o que você deseja...

E você já passou por algo parecido? Como foi que isso aconteceu na sua vida?

Quanto mais elementos eu der que você consiga lembrar ou imaginar, a ponto de sentir as mesmas emoções que eu senti naquela hora, mais eu vou conseguir ter certeza de que você pegou a mensagem que eu queria passar.

A verdadeira riqueza está no nosso imaginário!

Você só consegue fazer uma coisa de cada vez, você só se concentra de verdade em uma coisa de cada vez.

Por mais óbvio e evidente que isso seja, é comum pensar que a gente conseguiria fazer mais coisas se a vida fosse diferente em termos de riqueza.

Claro que você teria mais opções sendo mais rico, mas esse não é o ponto central.

O ponto central é que você só pode fazer uma coisa de cada vez, seja o mais rico do mundo ou quem não tem nem o que calçar em um dia frio.

A verdadeira riqueza está na sua imaginação para que você possa perceber que só tem uma opção em cada momento e escolher bem.

A riqueza financeira abre mais opções no seu cardápio pesado, mas quando você escolhe uma coisa você abre mão de todas as outras.

Sempre é assim, quer você esteja rico, na média ou pobre.

Escolher um foco é perder todos os outros.

Você se concentra em algo e nada mais.

Ou você está preso nos seus próprios pensamentos ou você está semeando, procurando meios de ser útil, servir mais e ajudar o próximo.

Acredite no que eu vou falar agora. Você fará mais pelo próximo do que faria por você mesmo.

Quando você faz algo apenas por si mesmo e para si mesmo, a sua barra de exigência é muito baixa.

Isso é completamente normal, a gente não se cuida tão bem quanto cuida das pessoas com quem nós nos importamos.

Você precisa se expor para outras pessoas porque isso força você a dar o seu máximo e realmente ajudar.

Persista cometendo erros rápido, mas tentando corrigir os erros que você perceber mais rápido ainda.

Teste os padrões que funcionam e sejam mais fáceis de você implementar e gerar resultados mais rápidos.

Use os padrões, estruturas e fórmulas, mas não pense que isso basta ou é a essência fundamental.

A essência da boa narrativa é juntar arquétipos com elementos descritivos, tom de voz e gestual apropriados ao contexto de um cenário real, lembrado ou imaginado.

Você constrói um cenário mental que as outras pessoas conseguem ver, ouvir e sentir a ponto de se lembrar, imaginar ou projetar a cena.

O tom digital do storytelling faz isso com arquétipos, descrições detalhadas, tonalidades de voz adequadas à cena descrita e postura, olhares e gestos apropriados para enfatizar e marcar.

Em outras palavras, você irá definir o arquétipo e usar as descrições, tonalidades e gestos mais adequados à situação e à perspectiva que você quer transmitir.

Quer outro exemplo?

Nossa, já estou morrendo de fome...

De novo, isso é uma história.

Só que ela é uma história extremamente simples e sem vida.

Agora veja isso com atenção usando storytelling...

Note como isso irá incentivar o seu imaginário.

Sabe quando você acorda bem atrasado e sai sem comer nada correndo para trabalhar?

Aí de repente, do meio para o fim da manhã, você só consegue pensar em comida...

Sente o cheiro do seu prato preferido vindo daquele restaurante da esquina ou de alguma dona de casa talentosa que cozinha perto do seu carro...

Talvez você sinta o cheiro de carne assada vindo da churrascaria próxima do seu trabalho. De longe, você sente que a picanha está no seu ponto.

Só de pensar na carne suculenta saindo da brasa, você consegue ouvir o seu estômago roncar e sente ele doendo dando pontadas de fome.

Só que a correria foi tanta que você nem teve tempo de almoçar, precisou comer uma barrinha seca de cereais e esperar para a janta.

Aí você chega em casa, sexta à noite, e passa um anúncio da sua pizza favorita com desconto no iFood.

Sabe aquela com bordinha crocante, uns pedacinhos queimadinhos, assada no forno à lenha com calabresas torradinhas em cima da pizza?

Você pode sentir o cheiro da pizza quentinha saindo da caixa e ficar com água na boca só de ver e abrir a embalagem.

E se você continuar entrando no contexto dessa história algo a mais pode acontecer hoje à noite com você...

Ver esse tipo de descrição sensorial ocupa a mente humana com a ideia detalhada e a pessoa para de pensar na situação de estar fazendo isso.

Este é o ponto central. Se eu reforçasse isso um milhão de vezes, não seria o suficiente para mostrar a importância de entender isso.

Você precisa fazer as pessoas pensarem sobre o que você está falando enquanto você está falando.

Este é o verdadeiro segredo do storytelling...

É fazer você prestar atenção na imaginação a ponto de parar de perceber a realidade espaço-tempo.

Ao entrar ainda mais fundo na história, você para de se cuidar e passa a prestar ainda mais atenção nas imagens mentais...

Até que chega um ponto em que você pede uma pizza sem nem perceber por que fez isso.

Você não se dá conta, mas pediu a pizza porque você ouviu e se envolveu com a narrativa. É assim porque a história sensorial faz a gente agir.

Sem entrar, sem imergir, sem sentir nada na história, não há participação, não há interação, não há engajamento, e não há ação.

Você precisa ajudar a imaginar através da narrativa... Ir além da mera informação e opinião.

Esse é seu trabalho.

Prenda a atenção com storytelling usando o que eu estou chamando de tom digital.

Você irá descrever tantos elementos específicos que a pessoa irá sintonizar com esse foco e parar de pensar em todo o resto.

Ela passa a ignorar o resto e foca somente naquilo que você está sugerindo.

Tudo que existe é aquele momento de foco total e específico naquele instante de engajamento com as emoções e sensações que a história evoca.

Não importa mais o tempo, não importa o lugar, não importa nada além do momento de atenção na imaginação e nas sensações dela.

A pessoa para de analisar o momento...

O tédio do presente desaparece...

As preocupações com o futuro somem...

As pessoas largam os pesos do passado e conseguem se concentrar nos elementos que você entregou e que estão engajando no agora.

Não é pura informação.

Também não é pura imaginação.

É algo que se pode processar, sentir e imaginar. São elementos verbais e não verbais agindo juntos e de acordo com o contexto.

Use sempre todos os elementos que puder na sua narrativa para se tornar mais envolvente porque eles contam muito no mundo real e digital.

De fato, receber storytelling de verdade é como ter uma experiência imersiva.

Você mergulha por inteiro. É como usar os óculos VR. Você só vive para aquele momento.

Você não vê nada além dos óculos de realidade virtual simplesmente porque o capacete fecha toda sua visão. O resto fica despercebido.

O mundo gira, o tempo passa, e você segue ali fazendo aquilo sem perceber mais nada porque você ficou completamente envolvido.

É isso que o storytelling de verdade faz.

Ele faz a pessoa focar no que você fala com total interesse, sem pensar em mais nada a não ser na ideia que você está transmitindo.

Você sabe que funciona quando a pessoa do outro lado pensa sobre o que você disse enquanto você ainda está dizendo outras coisas.

Ela para de analisar a própria situação de estar ali interagindo com você e começa a pensar sobre o assunto aceitando suas sugestões.

É isso que significa se envolver de verdade com a cena que você está contando e detalhando.

Quando isso acontece as sugestões fazem efeito, e você pode gritar bingo!

Mas na prática, como fazer isso?

Como eu já adiantei, o tom digital de storytelling tem 4 pilares:

1 - Significado do Arquétipo
2 - Tonalidades de Voz
3 - Olhar e Gestos
4 - Descrição Sensorial

Preparado para aprofundar um por um? Então, coloque seu óculos de realidade alternativa e vamos em frente.

3.1.1 Transfira O Significado Do Arquétipo Adequado Ao Contexto Atual

Qual arquétipo você está transmitindo agora?

Você sabe o arquétipo que você representa?

Essa é a diferença entre marcas comuns e marcas duradouras, pessoas e símbolos que se tornam ícones e fazem parte da nossa rotina.

Não se impressione com a palavra arquétipo porque o que eu vou compartilhar com você agora é uma verdade muito simples.

Preste muita atenção porque, apesar de simples, isso é algo que tem sozinho o poder de levar o seu jogo para o próximo nível.

Veja só. Pense rápido na Madonna. Agora pense no Elvis. E agora imagine uma Coca-Cola.

O que os três nomes acima têm em comum não é apenas o sucesso fenomenal duradouro, mas sim o uso constante de arquétipos.

Vamos detalhar mais um pouco...

Na prática, isso significa que as grandes marcas descobriram que precisam semear, nutrir e replantar uma identidade única irresistível.

Elas selecionam os elementos fundamentais da marca e comunicam isso através de arquétipos.

E não é "por meio", é "através". Porque o arquétipo atravessa a narrativa da marca direto para dentro do pensamento do público.

É tipo telepatia... Sério mesmo.

Hoje em dia, nascem marcas mais rápido do que nunca. Algumas ficam muito fortes do dia para a noite, de um ano para o outro.

Por exemplo, você conhece alguém que já comprou um daqueles copos da Stanley que prometem 4 horas de cerveja gelada?

Assim como todas as marcas diferenciadas, o copo térmico da Stanley transmite um arquétipo, ou seja, um significado imutável.

Os arquétipos são padrões presentes em todas as épocas e lugares que a nossa espécie já passou ou imaginou.

Arquétipos são modelos de valor eterno transmitidos por linguagem visual e verbal. E o melhor jeito de fazer isso é narrando histórias.

Um dia, uma pessoa apontou para algo, fez um som e outra pessoa entendeu.

Note que o ser humano é o único animal com a capacidade de dar nome às coisas.

Ao atribuir nomes ao que percebem na natureza e ao que podem imaginar, os seres humanos criam significado.

E os significados que se repetem ao longo dos tempos em todas as culturas e lugares do planeta são o que Carl Jung chamou de arquétipos.

É impossível ficar indiferente a um arquétipo. Você não consegue deixar de notar sua manifestação representada com storytelling.

Você pode amar, odiar, ficar interessado, curioso, com medo ou com raiva, mas você não é capaz de ignorar a força dos arquétipos.

Com certeza, daria para escrever um livro inteiro só para falar mais de arquétipos. Mas vou me esforçar para esclarecer com exemplos aqui.

Os arquétipos são como formas primordiais, imagens, visões, fantasias, sentimentos e ideias elementares compartilhadas através de mitos.

Joseph Campbell foi quem revelou os arquétipos presentes de maneira organizada na jornada do herói (o herói é um dos arquétipos).

Christopher Vogler, Margaret Mark, Carol Pearson, Robert Mckee e outros grandes autores e diretores beberam da fonte de Joseph Campbell.

Por exemplo, pense no que representa até hoje a força da saga "Star Wars" para milhões de pessoas atravessando gerações.

George Lucas seguiu os conselhos de Joseph Campbell para dar vida aos arquétipos e transmitir lições na jornada dos seus personagens.

Outro exemplo marcante é a Nike que leva o mesmo nome de uma deusa grega com asas que está associada com a vitória.

O que isso significa?

Como jogar para vencer?

Qual é a essência da mensagem da Nike?

"Just do it". Só faça.

A Nike dominou o mercado esportivo porque conseguiu capturar a essência do significado e comunicar isso de maneira sutil, afiada e refinada.

Ela incorporou um arquétipo específico ao storytelling dos anúncios. Adotou um determinado símbolo para guiar suas ações de comunicação.

As religiões também escolhem símbolos de profundo significado para transmitir suas crenças. Por exemplo, o batismo cristão como purificação.

Tudo que transmite valor e dura no tempo, artistas, músicas, filmes, crenças e marcas, são ideias que carregam significados arquetípicos.

A função deste primeiro pilar do tom digital com storytelling é dar significado ao que você comunica para oferecer seus produtos e serviços.

Os arquétipos servem como uma bússola de significado que aponta para os valores que você quer destacar na sua mensagem e identidade.

O que gera diferenciação real de mercado, capaz de durar no tempo e superar a guerra de preços, é o valor intrínseco do arquétipo.

Este valor profundo e intangível inerente ao arquétipo se prende à imaginação e sintoniza com o público gerando aceitação e boa vontade.

Quanto mais boa vontade você planta no seu mercado, mais resultados você colhe.

No que se refere ao objetivo de gerar vendas, a ponte entre o produto e a motivação dos consumidores é o arquétipo que ativa significado.

Diante de arquétipos, nossa mente produz um senso imediato de reconhecimento e reação.

Podemos chorar, dar um nó na garganta e até sentir nosso coração pulando para fora engajando com a demonstração de um arquétipo.

Por exemplo, é impossível não sentir nada vendo os pontos disputados na final eletrizante do *US Open* 2022 entre Alcaraz e Ruud.

Se você perdeu a final, experimente ver os melhores momentos da partida antes de saber quem levantou a taça após uma batalha épica.

O arquétipo do herói é despertado em todos nós em algum nível quando temos a oportunidade de ver feitos esportivos de alta performance.

[Deixei um link aqui para você ver os melhores momentos](#) e perceber o que você sente.

Alcaraz perdeu quase todos os ralis, mas superou as dificuldades, foi campeão e se tornou o mais jovem número 1 do mundo aos 19 anos.

A propósito, você notou qual é a marca patrocinadora do novo campeão do *US Open*?

Se pensou Nike, você acertou. A Nike é uma marca que comunica o arquétipo do herói que é premiado por agir com coragem, disciplina e honra.

A Nike usa o arquétipo do herói como ponte entre os seus produtos esportivos e os impulsos do ser humano de ser livre, capacitado e realizado.

O grande medo do consumidor da Nike, que se inspira nas habilidades do campeão Alcaraz, é a impotência diante de desafios e riscos.

Só que essas mesmas motivações e medos básicos do herói também aparecem em outros arquétipos, como o fora-da-lei e o mago.

Enquanto o herói ajuda a agir com coragem, o fora-da-lei nos ajuda a quebrar as regras e o mago ajuda quem deseja gerar transformações.

Estes 3 arquétipos ajudam a preencher o impulso humano universal de querer causar algum impacto durante a vida.

O herói faz isso se fortalecendo para provar o próprio valor diante de dificuldades, Ele é o guerreiro, o super-herói ou atleta vencedor.

O fora-da-lei procura chocar, destruir e revolucionar. É o rebelde, vilão ou selvagem.

E o mago desenvolve uma visão, tornando sonhos em realidade. É o visionário, o líder carismático ou curandeiro da tribo.

Já o inocente, o explorador e o sábio servem para atender nosso desejo fundamental de reencontrar o paraíso perdido da felicidade.

A maior motivação deles é a satisfação do vazio. E o grande medo é o próprio vazio.

O inocente faz isso conservando sua fé enquanto abre a felicidade com uma Coca-Cola.

O explorador faz isso mantendo sua independência e bebendo cerveja gelada quando quiser com seu copo Stanley.

E o sábio se satisfaz desvendando os mistérios do mundo e compartilhando lições úteis.

Já a necessidade básica de ter o prazer de pertencer ao grupo é preenchida pelos arquétipos do cara comum, do amante e do bobo da corte.

O grande medo mais profundo deles é o abandono, a rejeição. Eles querem ser amados.

O cara comum se conecta com o que parece simples e familiar. O amante procura ser cada vez mais atraente. O bobo brinca, tenta ser engraçado.

E os 3 arquétipos que satisfazem nossa motivação fundamental de controle e estabilidade são o prestativo, o criador e o governante.

O maior medo deles é perder o controle da sua capacidade financeira, da sua saúde ou de qualquer elemento que possa levar ao caos.

Eles querem segurança.

O prestativo faz tudo que pode pelos outros. É a mãe dedicada, o cuidador ou o santo.

O criador desenvolve uma invenção. Ele é o inventor, o artista, o músico ou o escritor.

E o governante lidera famílias, empresas e comunidades. É o líder, o chefe, o pai do pátrio poder.

Como comunicador da sua marca, dos seus produtos e serviços, é sua responsabilidade definir o arquétipo que está transmitindo e agir de acordo.

A chave é o alinhamento entre arquétipo, olhar e gestos, descrições e tonalidades de voz.

3.1.2 Cuide Da Entonação Da Sua Voz

Fale com a entonação certa e apropriada para a emoção que você quer que as pessoas se lembrem ou imaginem.

Faça isso para que elas possam assimilar sua mensagem. E isso tem a ver com o tom usado.

A base da nossa comunicação não é verbal. É o jeito de falar que faz a maior diferença, ou seja, usar a tonalidade de voz certa para cada contexto.

Por exemplo, se for para dizer algo forte, diga como quem está brigando ou destacando algo de verdade.

Incorpore o tom certo à sua mensagem.

Se o tema exige reflexão, fale com pausa para deixar as pessoas pensarem, fale mais baixo e mais devagar para fazer pensar sobre algo triste ou mais profundo.

Tudo tem que fazer sentido no contexto todo da conversa.

O seu tom precisa conduzir o pensamento da outra pessoa até a compreensão da mensagem.

A música de fundo nos filmes e na vida real serve para fazer você se imaginar na situação. É para isso que ela serve. Para dar tempo de abrir suas memórias e você se identificar com a cena.

Preste atenção nisso. Perceba e exercite as tonalidades abaixo com responsabilidade e ética.

Fale com entusiasmo animado para iniciar uma conversa e declare algo em um tom agudo de pergunta para fazer a outra pessoa tentar lembrar.

Fale mais baixo para causar curiosidade e sussurre para destacar algo raro e muito valioso.

Fale com força para passar certeza absoluta e como se estivesse pedindo desculpas para passar total honestidade.

Fale como se não fosse nada de mais para sugerir uma ideia razoável e como se estivesse presumindo uma obviedade para gerar alívio.

Fale em tom de hipótese, como se estivesse deixando um problema de lado, para manter o interesse e abrir uma lacuna ou um loop mental.

E fale como se você estivesse sentindo a dor da outra pessoa para ganhar sua credibilidade.

3.1.3 Use Olhares e Gestos de Marcação

Isso pode parecer chocante, mas talvez você conquiste a atenção de muita gente somente pelos gestos porque eles amplificam a mensagem.

Eles ajudam a trazer as pessoas para um cenário imaginativo.

O mesmo acontece com o seu jeito de olhar ao se manifestar presencialmente ou gravando.

Marque momentos de ênfase com as suas mãos, cabeça e expressões.

Quer que as pessoas respondam? Levante seu braço e responda primeiro.

Se for para caminhar enquanto estiver falando, que seja com o propósito de falar olhando para alguém que está em outro ponto da sala.

Se está falando para uma câmera, pare de se olhar e olhe somente para a porcaria da lente.

Evite ficar se sacudindo, botando as mãos no rosto, nos bolsos ou cruzando os braços.

Lembre-se: tudo que você faz passa sempre uma impressão.

A boa narrativa é como a mulher de César. Ser honesta é premissa. Mas ela precisa ser mais do que honesta, ela tem que parecer honesta.

Cuide bem do contexto que você está inserido no momento de transmitir sua mensagem.

Seu olhar está adequado ao que você está dizendo?

Suas mãos estão apoiando a mensagem?

Sua postura faz sentido?

Sua aparência, suas roupas e acessórios são apropriados e compatíveis com o momento?

Seja sincero, parece que você realmente sabe do que você está falando?

Parece que você tem algo realmente importante para comunicar?

Se você tem, descreva isso em detalhes envolventes como um lençol 1000 fios de algodão egípcio com aroma perfumado sob pétalas de rosa.

3.1.4 Use Descrição Sensorial Detalhada

Descreva detalhes específicos com cenários fortes, vívidos e concretos como um tijolo laranja voando do 32o andar e se espatifando na calçada.

Duro não é nada, mas tijolo laranja despencando do 32o piso é especificamente duro. Imagina se esse tijolo cai na cabeça de alguém...

Gostoso não é nada. Borda crocante, queijo esticando, calabresas torradinhas, molho, cebola douradinha e orégano é de dar água na boca.

Anote isso. Nada que você diga vai ser eficiente sem usar os elementos que criam e ativam o imaginário, cenas imaginativas...

É por isso que eu gosto sempre de falar aos meus alunos e clientes: quem imagina, fica rico.

Mas como ter certeza que você fez o seu melhor para ativar o imaginário das pessoas usando os 4 pilares do tom digital no storytelling?

A resposta é se fazer as seguintes perguntas de checklist:

☐ 1 - Estou descrevendo lembranças que a audiência pode ter? As pessoas já passaram por isso de maneira semelhante?

☐ 2 - Estou usando um tom que só por isso já vale a pena prestar atenção em mim?

☐ 3 - Estou fazendo os gestos apropriados?

☐ 4 - Estou olhando na câmera como alguém da vida real olharia nesse momento?

Confesso que dominar todas essas coisas me exigiu esforço enorme. Aprendi tudo isso com o tempo, observando, treinando e errando muito.

O que eu quero dizer é que nem sempre foi assim. Leva tempo, mas vale muito a pena...

Se isso já funcionou em todos os tempos e lugares, e funciona para a minha audiência, provavelmente também irá funcionar para a sua.

Faça o teste.

Preste muita atenção nesses pilares.

Releia.

Arquétipo com significado profundo...

Descrição sensorial detalhada...

Entonação e gestos conforme o contexto...

Faça a pessoa que está ouvindo você caçar lembranças dentro da mente dela sem nem perceber que está fazendo isso...

Tem certeza que tudo que você está dizendo faz sentido no contexto agora?

O olhar, o tom de voz, os gestos e as descrições de lembranças sensoriais passam realidade e autenticidade naquilo que você diz?

Espero que eu tenha conseguido explicar que a verdadeira riqueza da jornada do storytelling está na sua imaginação.

Aproveite esses insights na prática para gerar resultados de verdade com a sua comunicação usando storytelling no tom digital para multiplicar suas vendas.

Manda mensagem lá no meu Instagram @chapperalexei contando o insight que você teve para liberar o link especial do material extra com um esquema resumido deste livro para você baixar.

No próximo capítulo, nós vamos avançar nas 4 fases do storytelling para gerar vendas começando pelo uso da narrativa nas suas ofertas diretas e indiretas.

Preparado?

Recomendo uma xícara de café com bolo de fubá, relaxar um pouco, e assistir à sua série favorita antes de prosseguir com energia total.

"O começo é sempre hoje"
Mary Shelley

4. Como Usar Narrativa Na Oferta, Impactar, Dobrar E Triplicar Seus Resultados

Histórias geram conexão e ação imediata...

Você já pegou essa ideia central, certo?

O que eu vou te apresentar a partir de agora são técnicas para você inserir narrativa nas suas ofertas.

Há duas maneiras de você fazer isso.

A primeira forma é quanto você já possui uma oferta pronta que não está dando o resultado que você espera.

Se esse é o seu caso, e a sua oferta está meio murcha ou não está brilhando e tinindo, você pode acrescentar o elemento do storytelling nela.

O que eu quero que você faça é o seguinte. Pegue a sua oferta e plugue uma das técnicas narrativas que eu vou te ensinar.

O segundo modo de você aplicar o que irá aprender agora é partir de uma narrativa única para pautar o tom principal da sua oferta.

Esse caminho é mais desafiador porque você irá criar todas as promessas, ganchos e argumentos com base na sua história central.

Fique tranquilo porque vou te mostrar as duas formas de fazer isso com exemplos para você usar de modelo e ganhar mais velocidade.

Só que antes eu preciso te confessar mais uma coisa...

Quando decidi escrever este livro, eu me enganei feio porque pensei que o processo de escrita dele seria muito mais fácil.

Isso porque eu adoro este tema de verdade. Gosto muito de ouvir histórias de todos os tipos.

Sou apaixonado por séries, filmes, documentários, livros, biografias, músicas etc.

Tudo que envolve narrativa me deixa bem entusiasmado.

Só que eu sempre me envolvi com o storytelling nesse nível de *hobby*, apenas para me divertir.

Eu não sabia como exatamente eu poderia ganhar dinheiro com isso e conectar essa paixão por histórias no meu trabalho.

Isso foi assim até que eu descobri uma das técnicas que estou compartilhando neste livro como uma abordagem de storytelling.

Estou falando de copywriting, ou seja, da comunicação estratégica, pensada, escrita e falada, para gerar urgência e ação imediata.

Foi aí que eu percebi a íntima conexão que existe entre esses dois temas, como eles são interligados e dependentes um do outro.

A sensação foi como se eu tivesse desembaçado o vapor com um lenço ou trocado as lentes dos meus óculos.

Notar isso mudou minha visão de mundo...

Nesse sentido, storytelling nada mais é do que um dos ângulos possíveis da sua carta ou vídeo de vendas!

Busquei me aprofundar em livros técnicos sobre a escrita de roteiros de cinema e fiquei impressionado com o que eu descobri.

Percebi a semelhança entre criar uma persona para receber a copy e uma personagem para conduzir a história.

Notei que os princípios eram praticamente os mesmos.

Vi como é parecido o processo de criar ganchos e deixar lacunas ou loops abertos...

Vi que prender atenção, gerar interesse e conduzir a copy têm a mesma função que a ideia de pendurar o herói no penhasco... E agora?

O objetivo é fazer o público dar o próximo passo, ler a próxima linha, ouvir a próxima frase, assistir ao próximo episódio...

Comecei a devorar Netflix, HBO Max, Amazon Prime, Apple TV e tudo que tive acesso com outros olhos.

Agora eu tinha um novo olhar, uma nova perspectiva das coisas acontecendo.

Eu conseguia perceber os padrões e entender por que eu sentia o que estava sentindo... E continuava muito divertido.

Só que este livro que você está lendo agora me obrigou a um grande desafio.

É que a minha meta era fazer um manual prático para que você pudesse ler e aplicar as técnicas imediatamente no seu negócio.

Quero que você domine storytelling, mas, mais do que isso, que você faça mais vendas previsíveis usando esse conjunto de técnicas.

Este capítulo tem essa missão específica.

Tenho certeza que a leitura atenta das próximas páginas vai valer pelo livro todo. Principalmente, se você atingir seu objetivo.

Em outras palavras, a minha intenção agora é te apresentar o storytelling na prática, versão 2.0.

Vou revelar como você pode conectar o storytelling da maneira mais poderosa que existe para promover e escalar suas vendas.

Foi aí que o projeto de escrever este livro complicou um pouco mais...

Isso porque eu precisei selecionar com muito cuidado o que eu iria compartilhar com você para garantir resultados práticos e rápidos.

Por esse motivo, eu escolhi com muita atenção somente os pontos mais importantes sobre storytelling na prática de narrativas para vendas.

Nem de longe, a minha intenção foi criar o melhor, mais profundo ou mais completo livro sobre todas as nuances do storytelling.

O fato é que já existe uma ampla gama de livros e outros materiais cumprindo essa função.

Este é um tema realmente muito, muito rico... E várias destas obras de valor estão recomendadas no final do livro.

Logo, o que você verá na sequência é uma percepção do storytelling como técnica de copywriting para geração de lucro.

Vou te mostrar como usar o poder da narrativa para mover o seu público a dar o próximo passo dentro da sua estratégia de vendas.

Em outras palavras, como usar o storytelling para você subir de nível, gerar leads qualificados, novos clientes e mais vendas.

Pronto para revelar esses bastidores?

Então, vamos lá...

4.1 A Magia Secreta Das Histórias

Afinal, qual é a magia das histórias?

Existe um segredo escondido sobre a mágica das palavras quando contadas em uma história.

A verdade é que muito poucas pessoas têm a real noção do poder do storytelling.

Antes de mostrar o que a maioria das pessoas não percebe quando o assunto é storytelling, preciso admitir mais uma coisa.

A primeira vez que eu ouvi falar desse tema eu também não dei a devida importância que o assunto merecia.

Se arrependimento matasse...

Em 2019, eu ainda estava dando aulas na faculdade e cursos de direito, mas já tinha sido mordido pelo bicho do marketing digital.

Naquela época, eu estava pesquisando como fazer produtos digitais, criar sites e páginas, fazer anúncios, listas de email etc.

Participei de uma imersão de marketing digital em Curitiba e teve uma palestra sobre storytelling. Achei legal, mas não aprofundei.

Só que a imersão mexeu muito comigo. Tinha tanta informação para processar que seria impossível pregar o olho aquela noite...

Peguei o carro e saí de Curitiba às 2h da manhã depois de 3 dias com o Conrado Adolpho. Cheguei em casa, em Balneário Camboriú, perto das 5h com o dia amanhecendo.

Voltei motivado e determinado a dominar marketing digital e dar uma guinada na minha carreira profissional. Foi o que fiz...

Até que eu me tornei co-produtor e comecei a prestar serviços de copywriting e tráfego pago atraindo clientes para profissionais liberais.

Foi aí que eu percebi como os prestadores de serviço em geral falam quase sempre de maneira muito técnica.

Parece que estão sempre falando para seus colegas de profissão. Não falam com o cliente final, e sim com outros colegas.

Mesmo quando não estou dando aula aos meus colegas advogados, às vezes eu também me pego fazendo isso.

Meus clientes da área da saúde, médicos, dentistas e nutricionistas cometem o mesmo erro...

Perceber isso me levou a pesquisar sobre como contar histórias para facilitar a comunicação dos meus clientes de copy e gestão de tráfego.

Essa foi a primeira vez que eu voltei ao tema do storytelling e comecei a estruturar histórias para vender de maneira consciente com resposta direta.

Comecei a ver os anúncios funcionando, trazendo clientes, mais pessoas começaram a agendar serviços e comprar nosso produto digital.

De repente, eu percebi algo que lá no fundo da mente eu já sabia, pelos meus quase dez anos de experiência em sala de aula.

Muito mais do que se interessar por questões técnicas e conceitos, o que as pessoas gostam mesmo é de ouvir histórias.

Sempre foi assim com meus alunos e agora era isso que eu via acontecendo de novo com meus clientes de marketing digital.

Em questão de minutos, a história tem o poder de gerar uma conexão muito forte. Ela faz você sentir uma espécie de laço emotivo.

Esse laço emocional diminui as defesas mentais e abre caminho para você mostrar o próximo passo e ensinar suas ideias.

As pessoas ouvem e decidem que querem fazer isso por conta própria. Você não precisa convencer ninguém a fazer nada.

Foi nesse momento que eu finalmente me dei conta de 2 elementos fundamentais que você precisa prestar muita atenção.

Apesar de serem elementos cruciais para sua narrativa funcionar, percebi que esses 2 fatores são praticamente segredos escondidos.

Isso porque eu conheço muito poucas pessoas que realmente percebem, entendem e dominam isso na prática.

Estou falando destes 2 pontos-chave:

1 - Ambiente de identificação imediata
2 - Empatia pelo personagem principal

Vamos ver primeiro o ambiente de identificação e depois vamos aprofundar a questão da empatia pelo personagem.

Repito. Poderia ir além, mas quero focar apenas na prática desses elementos de storytelling para que você use e faça mais leads e vendas, ok?

Vamos começar com o fator ambiente porque cada detalhe do ambiente é muito importante para você gerar identificação.

Recomendo que você prossiga prestando bastante atenção nos mínimos detalhes...

"Cochilar é parte essencial do meu processo. Não sonhar, mas aquele estado anexo ao sonho, quando a mente acorda"
William Gibson

5. Por Que Você Precisa Gerar Identificação Imediata E Despertar Empatia?

Eu começo este capítulo escolhendo as palavras que irei usar com muito cuidado...

Minha preocupação é ser o mais direto e claro possível, mesmo com o barulho de obra que está invadindo meu escritório agora.

A empolgação que sinto pelo tema e a alegria que estou sentindo por avançar nesse projeto me ajudam a focar com atenção total.

Sei que este manual será um divisor de águas para quem estiver começando um projeto ou se sentindo travado nas vendas.

Isso me dá força e entusiasmo para continuar, ainda que o *Whatsapp* não pare de me notificar e o mundo esteja caindo lá fora.

Você percebeu o que acabei de fazer? Os últimos cinco parágrafos descrevem algo...

Eles descrevem algo que está acontecendo agora comigo enquanto digito essas palavras que você está lendo.

Mostrei os bastidores do que estou fazendo, falei de como estou me sentindo, compartilhei um pouco da experiência atual.

Ao descrever todos esses detalhes do meu momento presente para você, eu tenho a chance de criar uma conexão imediata.

Como assim, Alexei?

O negócio é o seguinte...

Nós começamos a interagir quando eu te disse o que estou fazendo ao escolher as palavras que iria usar com bastante cuidado.

Depois, contei como estou me sentindo. Falei que estou preocupado em ser objetivo, empolgado pelo tema e feliz com o projeto.

Revelei um pouco dos bastidores, que estou no escritório, que escuto barulho de obra, que o telefone fica tocando etc.

Tudo isso é verdadeiro, mas as palavras foram escolhidas para gerar um contexto para você se identificar. São as imagens mentais do cenário.

Eu não tenho como saber se você tem os mesmos interesses e problemas que eu, mas eu sei que existem pessoas que têm.

Então, eu assumo o risco de não gerar conexão com todo mundo, mas tenho uma grande chance de me conectar com alguém parecido.

Em outras palavras, talvez você também se concentre para escolher as palavras quando vai começar a escrever algo importante...

Talvez você também se preocupe em ser direto e se incomode com barulhos de obra, notificações e trânsito no seu lugar de trabalho...

Talvez você também tenha o mesmo gosto por histórias, filmes e séries como eu já compartilhei que tenho...

Talvez você também tenha o desafio de concluir projetos, fazer vendas e tem que se concentrar em ambientes barulhentos...

Tudo isso são pontos de conexão para você se identificar comigo a partir do contexto do meu ambiente atual.

Isso acontece quando você concorda com algo que eu disse e pensa: "Nossa! Eu também adoro histórias, filmes e séries".

Ou quando você ouve e pensa: "Pois é, eu também queria poder usar histórias para vender mais".

E até mesmo se você pensa: "É mesmo, como é difícil se concentrar com tanto barulho lá fora e o celular não colabora".

Recomendo que você preste muita atenção nesse ponto porque esta deve ser sempre a sua meta inicial: gerar conexão.

Você vai fazer isso descrevendo algo que está acontecendo no presente, agora, já.

Compartilhe seus gostos, preferências, lugar, tempo, espaço, sentimentos, desafios etc.

Mostre o cenário contextual do seu ambiente de identificação imediata.

Seu objetivo é fazer com que a sua audiência se coloque na cena, assuma o lugar da personagem e se sinta parte da história.

A pessoa do outro lado precisa se importar com o que está acontecendo e para isso você precisa descrever seu contexto.

Ambiente externo e interno... Escolha com cuidado os detalhes que irá compartilhar para gerar conexão com as pessoas certas.

O detalhe do detalhe é a especificidade dos pontos que você descreve ativando os 5 sentidos: visão, audição, tato, paladar e olfato.

Estimule a visão mostrando a paisagem, o cenário e a primeira cena. Pinte o quadro do espetáculo do horizonte que é possível perceber.

Observe de cima - imagem panorâmica - do que está acontecendo e contorne os detalhes como faz a luz entrando pela janela, refletindo insights no interior da sala, mas criando sombras de contraste.

Quando for noite, ilumine a cena com fogos de artifício ou com uma vela quase apagada na escuridão. O importante é mostrar o ponto de vista.

Fique alerta para o que os seus ouvidos percebem. Ative a audição, mas não só isso, crie uma audiência apresentando no tom apropriado.

Em vez de bater cabeça na mesma tecla no piano 365 vezes e esperar aplausos, varie as notas para ressoar o ritmo e progredir o movimento.

Melhor ainda, use os dedos para vibrar as cordas em uma melodia agradável com um som modulado em harmonia do início ao fim.

Não sei você, mas eu confesso que estou quase sempre com uma música de fundo na minha cabeça. Em geral, é do último show que eu vi.

Neste caso, foi Coldplay. Procurei as cifras e estou há alguns dias tocando no violão e pegando a letra da *The Scientist*.

Você acompanhou o show no último Rock In Rio? Viu que demais as pulseirinhas de inteligência artificial acompanhando o ritmo da banda?

Experimente acompanhar sem vergonha aquela uivada no final de "Oh uhhh uh uh uh uh". Duvido não sentir um arrepio pulsando no arranjo.

Lembre-se: é o ritmo que faz a marcha andar. A alternância em um padrão com tempo e espaço de ressonância.

Aprecie o equilíbrio e a elegância na coesão, deixe a sintonia ajustada com som limpo em vez de ruídos e chiados irritantes.

Conte e retrate corpos físicos e coisas que as pessoas podem pegar. É assim que você representa o tato com storytelling. Sólido como concreto ainda áspero.

Fale do peso e da textura dos objetos, da diferença que faz pegar um celular sem capinha e segurar um livro de 400 páginas nas mãos.

Mostre a diferença que faz ver um show pela TV no sofá da sala e estar lá ao vivo, junto com milhares de pessoas praticamente grudadas, vendo o Chris Martin tocando piano e cantando na chuva.

Sabe quando a chuva é tanta que você até se acostuma depois de ficar encharcado? Quando o suor se mistura com o pé d'água e cai na boca?

Descreva paladar lembrando da sensação do gosto, de degustar o sabor de algo tocável como um sorvete de pistache do Freddo no Passeio San Miguel ou chuva salgada no festival.

E não deixe de perceber o cheiro das coisas. Desperte o olfato para inspirar identificação.

Note que o vento sempre carrega algo que o nariz não percebe, mas o faro apurado captura.

Se você prestar atenção, irá notar que sempre existe um odor, existe indício no ar para considerar e perseguir como se fosse um farol.

Você também pode fazer tudo isso contando histórias do passado, mas o importante é começar estabelecendo um contexto claro.

Com os elementos de conexão do ambiente ativados, sua narrativa fará que a pessoa do outro lado passe a sentir empatia, ou seja, faça torcida.

Ela irá ativar o que os cientistas chamam de neurônios-espelho.

Isso significa que você sofre e sente junto com o personagem.

Eu não sei você, mas eu sou assim...

Não posso ver uma cena de alguém levando injeção que eu já sinto a picada.

Quando um personagem sofre com uma tortura, eu sinto junto a dor do espancamento.

Juro por Deus, eu viro a cara junto com o personagem do filme a cada "*punch*". Você não?

Sempre que isso acontece, eu já sei que são os neurônios-espelho trabalhando.

E a partir do momento em que você consegue fazer isso, levando o seu público a entrar na história e sentir o que você sentiu...

Aí sim, fique feliz porque você conseguiu marcar um ponto muito importante na mente do seu público.

Agora tudo que o personagem sentir, o público também sente. Todas as emoções... medo, raiva, alegria, tristeza, excitação etc.

Deste momento em diante, seu público pode ficar horas acompanhando a sua história com total atenção, sem sequer olhar o relógio.

Ok Alexei, e como eu uso isso na prática para vender agora e sempre?

A resposta é simples...

Usando o ambiente de identificação imediata e a empatia pelo personagem principal para gerar conexão inicial e final nas ofertas e campanhas.

Levante a mão se você quer ver como fazer isso em detalhes...

Ótimo, agora vire a página e continue para ver como aumentar em pelo menos 10x as suas chances de gerar mais lucro usando storytelling.

"A memória é o resíduo do pensamento"
Daniel Willinggham

6. Como Gerar Conexão Inicial e Final Para Vender Ideias Que Provocam Ação

Levante a mão agora se você quer aumentar em pelo menos 10x as suas chances de vender usando as técnicas de storytelling.

Eu mesmo parei de escrever por um segundo só para levantar a mão nesse momento.

Expor ideias que provocam ação é como contar histórias que conectam e geram vendas.

Vejo minha caixa de entrada agora notificando 3 emails novos para eu responder.

São pessoas de sexos diferentes, com negócios diferentes e faturamentos diferentes...

Mas as 3 têm basicamente o mesmo problema...

As 3 pagaram uma agência de publicidade para fazer campanhas de anúncios online que não geraram o resultado esperado.

As 3 campanhas simplesmente não estão convertendo o suficiente.

Parece até que os 3 negócios fizeram todas as 3 campanhas juntos de tão parecidos que são.

Como isso é possível?

Deixa eu explicar.

O motivo é muito simples.

A maioria dos empresários, produtores digitais, profissionais e prestadores de serviço estão cometendo o mesmo erro.

Preste atenção para que você não caia na mesma armadilha que eles.

Ignorar este erro comum pode custar muito caro, principalmente quando você percebe que está jogando dinheiro pelo ralo...

O grande erro é terceirizar o marketing antes de entender os fundamentos da comunicação para saber o que esperar e como cobrar.

Por exemplo, imagine você contratar um expert em narrativas para divulgar sua empresa. Só que você não sabe nada sobre storytelling.

Você não tem tempo nem disposição para se reunir com o especialista. Você só assina o cheque e diz "agora te vira".

Vai funcionar?

Talvez até funcione por um tempo.

Só que sem assumir a responsabilidade com seu envolvimento direto, pelo menos no início do projeto, não haverá previsibilidade.

Você percebe a importância de dominar os fundamentos antes de terceirizar o seu marketing?

Agora que você já entendeu o que precisa fazer para vender com previsibilidade, deixa eu explicar como eu posso te ajudar a dar os próximos passos.

Mas antes disso, eu preciso resumir por que eu decidi mudar a minha estratégia de faturamento há mais ou menos 3 anos.

Em 2019, eu tinha 80% da minha rotina voltada para as minhas aulas presenciais.

Funcionava muito bem, só que era uma rotina puxada. Sempre na estrada e qualquer imprevisto gerava uma grande dor de cabeça.

Era tenso... Minha sensação a cada semestre era montando um castelo de cartas com a janela aberta e o vento soprando forte.

Foi quando eu recebi um convite para gravar um curso 100% online no estúdio.

Reuni a matéria e montei um curso intensivo de 8 horas voltado para profissionais da minha área do direito de todo o país.

Foi naquele momento que eu decidi fazer algo completamente diferente.

Pensei: e se eu diminuísse a intensidade da minha rotina e começasse a criar novas ações online como aquela do curso?

O resultado em termos de liberdade foi incrível. E o melhor é que foi muito mais fácil e rápido de implementar do que eu imaginava.

Até hoje aquele curso online segue no ar e eu ainda respondo com prazer as perguntas de colegas do Brasil inteiro por email.

Dei uma guinada na minha carreira profissional e voltei para o empreendedorismo digital que me levou a criar um app de entrevistas lá em 2013.

Conquistei novos clientes e comecei a prestar serviços de copywriting, co-produção digital de treinamentos e promoção de anúncios online.

Isso aumentou todos os meus números, melhorou minha vida e, principalmente, devolveu o controle da minha rotina.

(Precisarei disso muito em breve...)

Hoje eu me sinto como se tivesse construído um prédio com fundamentos fortes que me deixam seguro, confiante e tranquilo.

Se você hoje se sente inseguro nas suas ações, eu quero te convidar a experimentar algo muito mais fácil de construir e manter.

Estou falando do programa de mentoria para acelerar suas vendas com meu suporte pessoal. Se tiver interesse, vou revelar os detalhes depois...

Agora, o mais importante é que você releia este capítulo para tentar identificar a criação de conexão inicial e final desta mini-narrativa.

Note que eu comecei contando sobre a minha caixa de entrada para mostrar um ambiente, com personagens vivendo um conflito em ação.

Tentei fazer você visualizar as 3 empresas passando dificuldade nas suas campanhas por causa de um mesmo erro.

Foi somente nesse ponto que eu finalmente apresentei uma conclusão inevitável.

Lembra qual foi? Não se deve terceirizar o marketing sem entender os fundamentos se você quer ter previsibilidade.

Conexão inicial primeiro, conclusão inevitável depois.

Aí eu fiz uma transição da conclusão para a oferta inserindo uma conexão final.

Tentei fazer você visualizar eu mesmo vivendo um conflito em um contexto de tensão antes de fazer a virada para a oferta.

Perceba que existe uma metodologia para isso. Você pinta um cenário com alguém passando por um conflito e dá a solução inevitável.

A solução pode ser uma ideia, um produto ou um serviço que resolve o conflito.

Você joga luz em um problema específico, revela uma causa oculta aumentando o problema e mostra os critérios para chegar a uma solução.

Seja para uma conexão inicial ou final, lembre-se de contar o desafio, o sentimento, quando e onde o conflito aconteceu etc.

Os detalhes que você escolher incluir na narrativa irão gerar conexão inicial ou final com o seu público.

A ideia é que você atraia somente as pessoas certas e afaste as erradas para o seu negócio. E isso depende do seu discurso.

Mais precisamente, do magnetismo da cena.

Anote a lista de 7 perguntas abaixo porque ela será muito útil para você se tornar magnético:

1 - Quem sofre o conflito?

2 - É seu cliente, outra pessoa ou você mesmo sofrendo o conflito de energias?

3 - Seu público tem algo para se identificar com o personagem da sua narrativa?

4 - Quando foi que isso aconteceu?

5 - É algo que está acontecendo agora?

6 - Qual é exatamente o desafio?

7 - Seu público vive algo parecido para se identificar com esse conflito?

Perceba que o seu objetivo é fazer o público entrar na história e se ver agindo na cena.

Você quer que as pessoas sintam algum tipo de afinidade, que se identifiquem, espiem e queiram levantar a mão para saber mais.

Personalidades, lugares, épocas, situações e dificuldades... Tudo isso provoca o nosso interesse e a nossa identificação.

Quando você consegue fazer o público certo se interessar no que você está contando, seu primeiro objetivo foi alcançado.

A pergunta agora é: como manter a atenção dessas pessoas?

Como fazer o público se envolver a ponto de continuar focado na sua narrativa do começo ao fim?

Esse é um dos pontos mais importantes e difíceis de se fazer na prática.

Estique as pernas, beba um copo d'água gelada e vamos em frente porque agora a coisa vai ficar quente.

"Todo mundo tem um plano até levar um soco na boca."
Mike Tyson

7. Os Movimentos Secretos Para Causar Aquecimento Mental

Qual foi o último filme ou série que fez você ficar vidrado em uma cena específica?

Por exemplo, ontem à noite eu assisti ao episódio 2 da última temporada de *Better Call Saul* na Netflix.

Na fronteira quente do México com os EUA, teve uma cena do *Nacho* fugindo dos irmãos *Salamanca* que fez o meu coração acelerar...

Só de ver a cena, eu fiquei com calor e liguei o ar-condicionado no 15 suando.

Isso já aconteceu com você?

Lembra de uma cena tão engraçada que fez você chorar de rir?

Lembra de uma cena tão triste que fez você chorar de tristeza?

Lembra de um personagem que estava derrotado, mas conseguiu vencer com trilha alta e fez você comemorar no sofá como se fosse você?

Cada vez que a narrativa de um filme, série, livro, ou até de uma música, fez com que você mudasse seu estado normal, bingo!

Isso significa que você foi aquecido, e a sua mente se movimentou porque você se engajou com aquela história, narrativa ou storytelling.

Quando você lê a sinopse da *Netflix* e clica em assistir, você já se identificou ao mostrar interesse pelo filme ou série.

Depois, enquanto a história se desenvolve, a nossa mente coloca os neurônios-espelho para trabalhar.

E a sua mente entra na história toda vez que você vê cenas com fatos específicos e situações pessoais dos personagens.

Esse conjunto de fatos específicos e pessoais servem de estímulo para você imaginar e pensar nas suas circunstâncias.

Quanto mais você assume o lugar dos personagens, e o tom das cenas, mais a sua mente se aquece e mais vidrado você fica na história.

O segredo é apresentar detalhes que permitam que o público assuma o lugar do personagem de modo automático.

A mesma coisa acontece com as emoções que vão sendo ativadas e espelhadas durante a narrativa.

Medo, raiva, frustração, humilhação...

Entusiasmo, alívio, esperança, alegria...

Valentia, dor empática, surpresa, êxtase...

Despertar as emoções certas funciona como uma chave-mestra para abrir a mente do seu público e plantar ideias lá dentro.

Se o seu objetivo é usar narrativas para fazer vendas, recomendo que você foque em despertar emoções positivas nas pessoas.

Uma pessoa carregada com alto nível de entusiasmo, alívio, esperança e alegria tem muito mais chances de comprar na hora...

Isso porque ela está preparada para agir.

Além disso, você melhora o mundo com energia positiva.

As notícias já provocam emoções negativas o suficiente, você não acha?

Talvez você já tenha escutado que o combustível da ação é a emoção.

Isso é verdade, mas eu concordo em partes.

Porque, pense comigo, se você despertar a emoção errada, a pessoa pode travar em vez de querer avançar.

E este erro pode custar mais caro que o litro da gasolina hoje no Brasil.

O grande ponto é que você precisa relacionar os sentimentos de superação, vitória e expectativa com a sua oferta.

Faça isso logo antes de apresentar a oferta. Aí sim você irá aumentar demais as suas chances de fazer mais vendas imediatas.

Anotou a ordem? Emoções de superação, vitória e expectativa pelo próximo passo.

No próximo capítulo, você vai entender como usar storytelling na sua oferta, seja como tema central ou como mais um elemento dela.

Antes de avançar, peço que você marque o Instagram @chapperalexei e me conte qual foi seu maior insight até agora.

Se você fizer isso, vou saber que você foi aquecido pela mensagem e isso irá ativar ainda mais o meu sentimento de gratidão por você.

Isso também significa que você é uma pessoa comprometida e disposta a se diferenciar da multidão que apenas lê e não interage.

Depois de me marcar lá no Instagram, siga em frente para o receber um empurrãozinho para fechar grandes negócios.

"Vale mais a pena esperar e recolher de um esforço vindo de dentro do que procurar de novo no livro."
William James

8. Como Dar Uma Pequena Cutucada Para Fechar Grandes Negócios

Qual foi a última vez que você usou uma história de maneira consciente dentro do seu processo de vendas?

Quero que você entenda o processo de contar histórias com o objetivo de conduzir o seu público a tomar uma ação de compra imediata.

O grande segredo é você ser capaz de inserir o seu produto ou serviço na sua narrativa de maneira contextual.

É isso que eu vou te mostrar como fazer nas próximas linhas.

O mais importante na hora de fazer sua oferta é ter certeza de que o seu público já se identificou e foi aquecido emocionalmente.

A sua narrativa precisa criar um contexto que provoque emoções de tensão no público, superação e alívio, vitória e esperança.

A história serve para costurar a produção de conteúdo com seu argumento de vendas.

Primeiro, a narrativa transmite a mensagem do conteúdo. Depois, você apresenta a sua oferta no contexto.

O grande ponto, antes de pensar nos fatos que você irá contar, é definir os sentimentos que você deseja despertar na hora da oferta.

É isso que marca a diferença entre principiantes e especialistas que são verdadeiros profissionais de storytelling.

Enquanto os primeiros se concentram apenas na estrutura narrativa, os especialistas inserem histórias na apresentação de vendas.

A propósito, veja a seguir os 12 estágios da "Jornada do Herói" de Christopher Vogler, que simplificou a obra de Joseph Campbell.

Os 12 Estágios da "Jornada do Herói":

1 - O Mundo Comum

2 - Chamado à Aventura

3 - Recusa ao Chamado

4 - Encontro com Mentor

5 - Travessia do Primeiro Limiar

6 - Provas, Aliados e Inimigos

7 - Aproximação da Caverna Secreta

8 - A Provação

9 - Recompensa

10 - O Caminho de Volta

11 - A Ressurreição

12 - Retorno com o Elixir

Se você quiser se aprofundar, o livro de Chistopher Vogler é "A Jornada do Escritor" e o de Joseph Campbell "O Herói de Mil Faces".

Eles vão além e também falam dos arquétipos que são qualidades humanas universais presentes em todas as histórias e na vida.

Dominar esses elementos da jornada do herói pode ser muito útil, desde que você comece definindo o arquétipo que você quer despertar.

A lista de 7 perguntas abaixo serve para você definir isso como um checklist para responder, marcar e verificar a utilidade da sua narrativa:

- ☐ 1 - Quais serão as emoções ativadas na história?
- ☐ 2 - Qual o momento de maior tensão?
- ☐ 3 - Alguém escapou de uma situação rápida de perigo a ponto de dizer "ufa"?
- ☐ 4 - Qual foi o grande desafio ou superação?
- ☐ 5 - Alguém precisou de um tempo prolongado ou esforço intenso para resolver um problema?
- ☐ 6 - Qual foi a alegria da vitória?
- ☐ 7 - O final deixa um sentimento de esperança de um futuro melhor?

Claro que a estrutura que você usa para contar sua história importa, mas o mais importante é o que acontece depois dela.

Seu leitor ou ouvinte estará conectado, aquecido e carregado de emoção para realizar uma ação de cadastro ou compra?

Minha sugestão de ouro é a seguinte. Imagine sua narrativa até sentir as emoções que você quer passar. Aí você conta a cena.

Primeiro, você mesmo visualiza a cena. Depois, você experimenta as emoções e aí você transfere para as palavras.

Esse é o ponto-chave. Você mostra o contexto de conexão, ativa neurônios-espelho e gera as emoções certas para você vender.

Pense na linha de dificuldades, superações e vitórias que você quer transmitir para gerar tensão e alívio, alegria e esperança.

Descreva os detalhes mais importantes e deixe que o cérebro do público crie um filme vivo, marcante e comovente na mente.

A história é capaz de fazer isso. Deixe o seu público experimentar como se estivesse vivendo e sentindo a experiência na pele como ferro quente.

Por exemplo, ontem mesmo eu fiz um churrasco digno de prêmio com uma *prime rib* suculenta de lamber os beiços da galera.

Sabe aquela peça linda de desenho que parece um machado, com o osso por fora e fica em destaque exposta na vitrine do açougue?

Escolhi uma dessas e preparei com todo carinho em fogo forte. Um aroma de abrir o apetite inundou a casa e se espalhou na rua.

Defumada na brasa da *parrilla*, a carne macia, saborosa e assada no ponto certo ficou realmente deliciosa. Os vizinhos sentiram inveja.

Chego a salivar só de lembrar quando coloquei o primeiro pedaço saindo fumacinha e se desmanchando na boca...

Você ficou com fome? Esse é o poder da história quando o seu cérebro se envolve, imagina e representa os sentidos através da linguagem.

Já estamos quase chegando ao final deste livro que foi mesmo um grande desafio para mim.

Minha intenção foi entregar um material prático para você já poder aplicar as técnicas de storytelling ainda hoje e aumentar suas vendas.

Se você tem dúvida de como colocar tudo isso em prática, a boa notícia é que eu vou te ensinar como fazer isso agora.

"O teste de uma inteligência de primeira é a capacidade de pensar em duas ideias opostas simultaneamente e ainda conseguir trabalhar. É preciso, por exemplo, ser capaz de ver que não há esperança, mas estar determinado a mudar esse fato."
Francis Scott Fitzgerald

9. Como Colocar Tudo Isso Em Prática Imediatamente

Existem muitas possibilidades abertas para você agora que está terminando de ler este livro...

Existe, por exemplo, uma nova profissão que está extremamente carente de especialistas e profissionais qualificados.

Talvez você queira aproveitar isso...

São pouquíssimas pessoas realmente competentes para executar esse tipo de serviço que cresce a cada dia.

Quando você entender o potencial dessa oportunidade e se preparar para isso, você terá não só uma nova profissão na mão.

Você será uma das primeiras pessoas a se especializar em um mercado em crescimento por causa do mundo digital.

Em outras palavras, isso significa que você pode assumir com grande velocidade um dos lugares mais altos da nova profissão.

Muitas pessoas hoje tentam crescer em determinadas áreas profissionais que estão muito concorridas e é muito difícil de entrar.

Conheço de perto essa realidade no mercado da advocacia... Minha mulher é dentista e também sabe como é complicado.

Por outro lado, o que eu apresentei aqui é uma nova área onde a concorrência ainda é praticamente inexistente.

O mercado está super-aquecido, os ganhos nesse momento são super-atrativos e, o mais importante, existe um caminho claro.

Estou mostrando um caminho simples para você seguir e se especializar nessa área sem precisar de 3, 4, ou 5 anos de graduação.

E o melhor, sem precisar passar horas e horas estudando uma pilha de materiais complicados. É só pegar e aplicar na hora.

Você viu que existe um caminho para você seguir e que em pouco tempo você pode estar apto a executar essa atividade com maestria.

E você pode fazer isso como prestador de serviço para atrair novos clientes para o seu negócio atual sem depender de agência.

É exatamente isso que você aprendeu neste livro junto com uma série de técnicas poderosas para inserir histórias em ofertas e conteúdos.

São estratégias simples que irão gerar resultados extraordinários para você...

Talvez, assim como eu, você não seja Ph.D com mestrado e especialização em estratégias de marketing digital, vendas online e storytelling.

Talvez você também seja de outra área e não entenda o que é um código fonte, talvez você não saiba programar aplicativos...

Talvez você não tenha uma tese de doutorado ou um livro *best-seller* sobre as táticas mais avançadas do mercado digital.

Mesmo assim, talvez você tenha um negócio, uma empresa, ou um serviço para oferecer no mercado.

Você faz parte do mercado tradicional que vende produtos e serviços que nós podemos tocar e consumir?

Às vezes, parece que isso não existe mais, mas, até onde eu sei, eu abro a porta da minha casa e para todos os lados que eu olho existem negócios tradicionais acontecendo.

Existem empresas vendendo produtos físicos e negócios locais oferecendo serviços.

E hoje a maioria desses negócios não têm estratégias básicas, atualizadas e capazes de gerar resultados extraordinários online.

Foi por esse motivo que eu escrevi este livro.

Eu quis trazer para você, dono de empresa ou prestador de serviço, estratégias simples que qualquer pessoa pode executar e testar rápido.

Procurei mostrar neste livro as principais estratégias de storytelling para você gerar esses resultados extraordinários.

São técnicas validadas que servem para vender serviços, produtos físicos e produtos digitais, ou seja, para você aplicar no seu negócio tradicional ou digital.

Eu me esforcei para escrever este livro inteiro usando as mesmas técnicas de storytelling que eu acabei de ensinar a você.

E são essas mesmas técnicas que você pode usar de modelo, decidir se aprofundar e dominar durante o programa de mentoria individual.

Vou detalhar como transformar seu conhecimento em produtos digitais, ebooks, treinamentos e mentorias para vender online.

Também vou te ajudar a plugar as principais estratégias de storytelling em copy para promover seu serviço na internet.

Posso mostrar um pouco dos bastidores de como vai funcionar nossa mentoria?

Já existe um material pronto para você acessar, com aulas gravadas que você já pode começar a estudar e executar hoje.

Durante a mentoria, o que eu vou fazer?

Vou pegar o seu caso, criar exemplos, explicar as técnicas, mostrar os modelos e nós vamos ter momentos de muita prática.

O objetivo é pegar pela mão para que você realmente consiga avançar e progredir na criação do seu produto digital, suas ofertas e campanhas usando storytelling.

Você vai ter acesso ao material gravado e na mentoria ao vivo eu vou dando essa destravada, vou ajudando a compreender os conceitos de acordo com o seu caso e a sua rotina.

Alexei, presto serviço e estou travando nessa parte da narrativa. Certo, faz isso...

Não entendi essa parte da criação do meu produto digital. Entendi, faz isso...

Alexei, não peguei essa técnica de copy, pode me dar outro exemplo para ver como aplico isso no meu caso? Claro, faça isso...

É uma mentoria super prática com conteúdo, processos, orientação e acompanhamento.

É realmente algo muito próximo, seleto e completo.

O objetivo da mentoria é fazer você avançar nesses bastidores para que você possa aproveitar todo potencial do mercado digital.

Quer participar dessa experiência comigo?

Faça sua inscrição e garanta os materiais bônus que eu vou liberar para você,

E agora eu quero te dar os parabéns por conseguir chegar ao final deste livro!

Você escolheu se aprofundar em uma área extremamente poderosa que é o storytelling.

Isso prova que você é uma pessoa séria que já aceitou o compromisso de subir de nível de uma vez por todas.

A partir desse momento, você está pronto para vender agora e sempre ao colocar o poder do storytelling na prática.

Vamos juntos avançar nessa jornada.

Eu espero ouvir de você a sua história de sucesso logo, logo.

Quem sabe a gente se encontre na praia em um evento aqui em Balneário Camboriú-SC?

Quando você aparecer, o churrasco de gaúcho com direito a *prime rib* é por minha conta.

Beleza? Combinado? Show de bola!

Obrigado pela sua companhia, foi um prazer imenso acompanhar você nessa jornada incrível.

Se você puder me fazer um favor, ajude a divulgar este livro, recomendando o manual a um dos seus amigos que adoram histórias.

E marque lá no Instagram @chapperalexei para eu saber o que você mais gostou deste livro.

Quero ouvir sua opinião para poder melhorar nas próximas edições. Vejo você em breve.

Um forte abraço e fique com Deus.

10. Obras Recomendadas

ANDERSON, Chris. **TED talks: o guia oficial para falar em público.** Rio de Janeiro: Intrínseca, 2016.

CARNEGIE, Dale. **Como falar em público e influenciar pessoas no mundo dos negócios.** Rio de Janeiro: Record, 2003.

CAMPBELL, Joseph. **O herói de mil faces.** São Paulo: Pensamento, 2007.

GALLO, Carmine. **Storytelling: aprenda a contar histórias com Steve Jobs, Papa Francisco, Churchill e outras lendas da liderança.** São Paulo: HSM, 2017.

_____. **TED: falar, convencer, emocionar. Como se apresentar para grandes plateias.** São Paulo: Saraiva, 2014.

HEATH, Chip; HEATH, Dan. **Ideias que colam: por que algumas ideias pegam e outras não. Os 6 princípios das ideias que dão certo.** Rio de Janeiro: Alta Books, 2018.

KING, Stephen. **Sobre a escrita: a arte em memórias.** Rio de Janeiro: Objetiva, 2015.

KLEON, Austin. **Mostre seu trabalho: 10 maneiras de compartilhar sua criatividade e ser descoberto.** Rio de Janeiro: Rocco, 2017.

MARK, Margaret; Carol, PEARSON. **O herói e o fora-da-lei: como construir marcas extraordinárias com o poder dos arquétipos.** São Paulo: Pensamento-Cultrix, 2021.

MCKEE, Robert. **Story: substância, estrutura, estilo e os princípios da escrita de roteiro.** Curitiba: Arte & Letra, 2006.

_____. **Diálogo: a arte da ação verbal na página e no palco.** Curitiba: Arte & Letra, 2018.

MILLER, Donald. **Storybrand: crie mensagens claras e atraia a atenção dos clientes para sua marca.** Rio de Janeiro: Altabooks, 2019.

SCHOPENHAUER, Arthur. **Como vencer um debate sem precisar ter razão: em 38 estratagemas (dialética erística).** Rio de Janeiro: Topbooks, 1997.

VON OECH, Roger. **Tenho uma ideia: como ser mais criativo e ter seus melhores insights.** Rio de Janeiro: Bestseller, 2011.

VOGLER, Christopher. **A jornada do escritor: estrutura mítica para escritores.** São Paulo: Aleph, 2015.

www.ingramcontent.com/pod-product-compliance
Lightning Source LLC
Chambersburg PA
CBHW070239220526
45465CB00004B/1450